Volker Präkelt

Guck nicht so, Pharao!

Warum Mumien oft beklaut wurden und was die Archäologen über das alte Ägypten herausfanden

Mit Illustrationen von Fréderic Bertrand

Arena

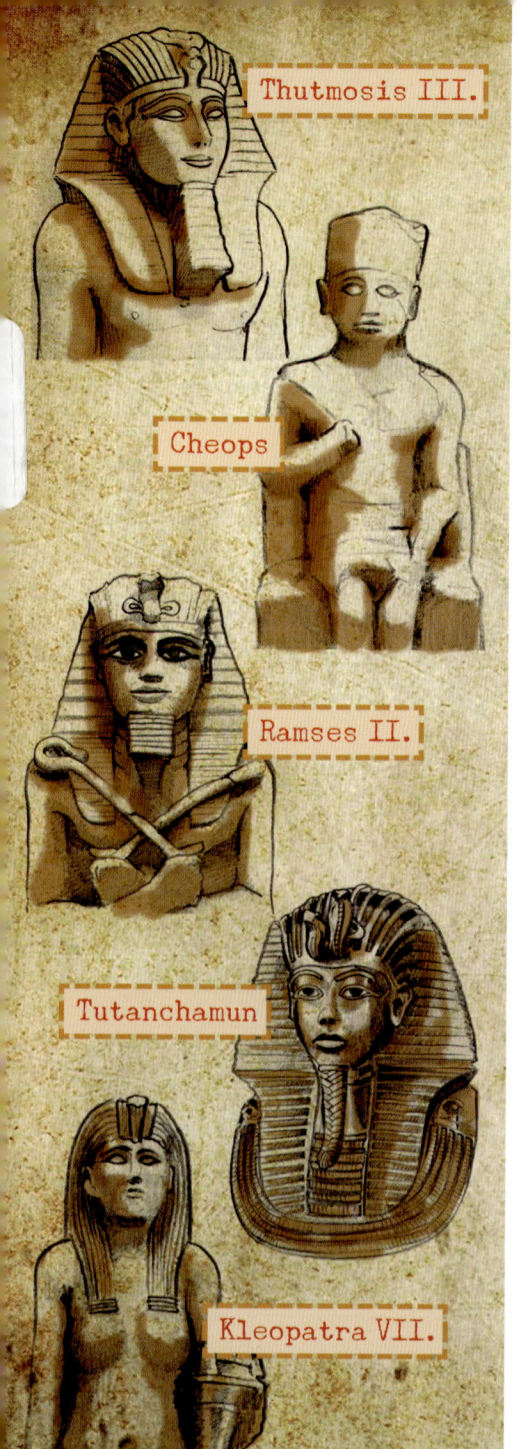

Thutmosis III.

Cheops

Ramses II.

Tutanchamun

Kleopatra VII.

Volker Präkelt lebt mit seiner Familie in Hamburg. Er ist der geistige Vater der frechen Fernsehratte „Marvi Hämmer". Für das Hörspiel „Das abenteuerliche Leben der Piraten" erhielt er den ARD-Hörspielpreis. Das alte Ägypten ist eines seiner Lieblingsthemen. Für die Ausstellung „Tutanchamun" verfasste er den Kinder-Audioguide.

Fréderic Bertrand lebt ebenfalls. Er hat Grafikdesign in Bremen studiert. In den Fächern Illustration und Trickfilm hat er dabei besonders gut aufgepasst. Nun wohnt er in Berlin und zeichnet Bilder für Brettspiele, Trickfilme, Computerspiele und Bücher. Am liebsten aber malt er kleine Monster und fährt in seinem rostigen Auto umher.

Chep wurde für dieses Buch erfunden. Er soll im alten Ägypten gelebt haben und gilt als unsterblich. Skarabäuskäfer wie er wurden verehrt. Es gab sogar einen Skarabäusgott!

Leon hat sich Volker Präkelt ausgedacht. Das ChamäLEON kann sich tarnen und in zwei Richtungen schauen. Deshalb bekommt es viel mit und reist sogar durch die Zeit.

Die Pharaonen hielten sich für Verwandte der Götter. Nach ihrem Tod wollten sie im Götterhimmel weiterleben.

Inhalt

Meine Mistkugel ist 5.000 Jahre alt. Nenn mich bloß nicht Mistkäfer. Mein Name ist Chep!

4   Keine Angst vor Hieroglyphen

6   Stimmt das so, Pharao?

10   Im Land der Mumien

14   Der Schatz in der Grabkammer

18   Eine Zeitreise zum Gericht

22   Eine Pyramide mit Nilblick

26   Der Fluch des Tutanchamun

30   Wenn die Flut kommt

34   Berufe aus der Vergangenheit

38   Göttliche Geschichten

42   Spickzettel für die Unterwelt

46   Die Konferenz der göttlichen Tiere

50   Warum Miezi zur Mumie wurde

54   Ein Krimi um Kleopatra

58   Wie werde ich Ägyptologe?

61   Leons Museumstipps

62   Zeittafel

Guck nicht so, Pharao! Ich bin Leon, das ChamäLEON.

Keine Angst vor Hieroglyphen

Eine Hand, eine Kobra, ein Geier. Was bedeutet das bloß? Die alten
Ägypter wussten es, denn sie schrieben in Bildern. Fast könnte man
meinen, sie hätten die Comics erfunden. Die Bildzeichen – Hieroglyphen
genannt – kennen wir von Tempeln, Gebäuden und Steintafeln. Die
Pharaonen ließen Ereignisse aus ihrem Leben gern in Stein meißeln.
Sollte doch schließlich jeder wissen, wie bedeutend der Pharao war.

Zu dumm nur, dass lange keiner die Zeichen deuten konnte. Was
für ein Kuddelmuddel! Vor 200 Jahren fanden französische Soldaten
in der Nähe der Stadt Rosette den Stein von Rosette mit drei Schriften
drauf: oben Hieroglyphen, in der Mitte eine Amtsschrift und unten
Schriftzeichen der alten Griechen. Den griechischen Text hatten die
Wissenschaftler schnell übersetzt. Aber diese komischen Zeichen?
Hm! Auch ein elfjähriger Junge grübelte darüber nach … mit 32 Jahren
hatte er die Hieroglyphen endlich geknackt. Vor Erschöpfung fiel er
in Ohnmacht und wachte erst nach
fünf Tagen auf!

Das sind Hieroglyphen.

a   b   ch   d   e

n   o   p   q   r

Tim

„Komische Zeichen? Nee! Coole Geheimschrift! Ich weiß auch, wie der Junge hieß, der das Rätsel gelöst hat: Jean-François Champollion. Und ich bin Tim und werde mal Reporter. Ägypten finde ich super. Pyramiden und Sphinx, Tutanchamun und das Tal der Könige, Mumien und Götter. Obercool!"

Dr. Hanna Hipstedt

„Komische Zeichen? Was die bedeuten, kannst du auf dieser Seite nachschauen. Ich bin Ägyptologin. Wer weiß, vielleicht finden wir ja eines Tages bei unseren Ausgrabungen noch so einen tollen Pharao wie Tutanchamun! Oft entdecken wir nur Scherben. Aber auch die haben einiges zu erzählen. Heute werden viele Funde mit modernsten Geräten untersucht. Daher wissen wir genau, aus welcher Zeit die Funde stammen."

Stein von
Rosette

Und wann wurde das Rätsel gelöst? Schau auf der Zeittafel nach, Seite 62.

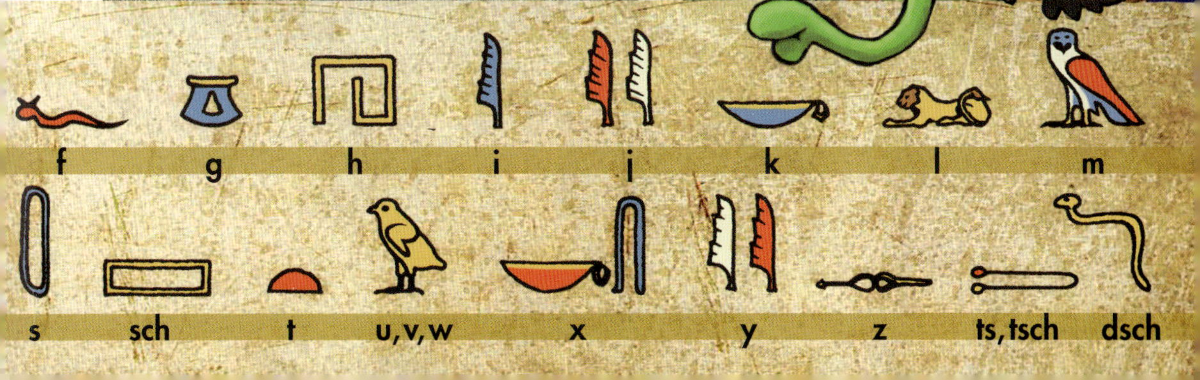

Kombiniere:
„Steinalt!"

f	g	h	i	j	k	l	m

s	sch	t	u, v, w	x	y	z	ts, tsch	dsch

Wie Pharao Cheops die Pyramiden erfand

Ihr wertes Grabmal, mein Herrscher! Bis zum Himmel und noch viel weiter!

Und wenn das Ding umfällt?

Wie wär's damit?

Göttlich! Für meine Frau und meine Kinder das Gleiche, bitte!

Steht dir gut, Hatschepsut!

Das steht mir aber gar nicht ...

So besser?

Die streichen mir ja ganz schön um den Bart ...

Stimmt das so, Pharao?

Können die drei Geschichten über berühmte Pharaonen tatsächlich so passiert sein? Nicht alle! **Geht** oder **Geht gar nicht?**

Pyramide durch Zufall?

Geht gar nicht. Pharao Cheops wusste genau, was er wollte: die prächtigste Grabstätte aller Zeiten. Das ist seinem Baumeister gelungen. Über Rampen aus Schutt und Sand wurden die schweren Steinblöcke auf Holzrollen nach oben geschoben. Die Cheopspyramide ist über 145 Meter hoch. Der Sohn von Cheops namens Chefren baute seine eigene Pyramide, genau wie dessen Sohn Mykerinos. So sind die drei Pyramiden von Giseh entstanden.

Pharaonin mit Bart?

Geht. Thutmosis III. war noch ein Kind, als er Pharao wurde. Aus diesem Grund übernahm seine Tante Hatschepsut die Herrschaft. Als ihr Neffe erwachsen war, wollte sie den Thron nicht räumen. Im Laufe der Zeit wurden die Bilder von ihr immer männlicher. Nach einigen Jahren ließ sich Tantchen sogar mit dem Bart abbilden, den man von vielen Pharaonenbildern kennt.

Die Geschichte hat soooo einen Bart. Das Leben von Kleopatra war viel spannender. Mehr darüber auf Seite 54.

Ich sehe da aber gar keine Ähnlichkeit ...

Du sollst auch nur den Namen ändern, du Trottel! Tutanchamun ist raus.

Ha! Ha! Haremhab ist ein Fälscher. Wir werden ja sehen, wer später eine eigene Ausstellung bekommt!

Tutanchamun aus der Geschichte gelöscht?

Geht gar nicht. Auch wenn er vermutlich schon mit 18 oder 20 Jahren starb und in seiner Regierungszeit keine großen Taten vollbracht hat: Diesen Pharao kennt die ganze Welt. Viele ägyptische Herrscher versuchten, die Namen oder Bilder ihrer Vorgänger aus der Geschichte zu löschen. Haremhab, der übernächste Pharao nach Tutanchamun ließ sogar Tempel seiner Vorgänger zerstören und benutzte die Steine für seine eigenen Bauten. Glück für Tutanchamun, dass die Archäologen auf einen blauen Becher stießen, der seinen Namen trug und sie zu seinem Grab und seiner Mumie führte.

Hilf dem Pharao!

Aufruhr im Pharaonenpalast! Der Hofstaat löst sich gerade in Luft auf. Die Schreiber haben das Weite gesucht, der Wesir ist kopflos und der Pharao – ratlos. Denn die Steinmetze haben tatsächlich seinen Namen von Statuen und Wandmalereien entfernt.

Hieroglyphen-Rätsel 1

Auf welche Hieroglyphe zeigt Leon? Auf den Seiten 4 und 5 findest du den passenden Buchstaben dazu. Wenn du alle vier Hieroglyphenrätsel in diesem Buch geknackt hast, erhältst du ein Lösungswort. Das steht auf Seite 62.

Beim Schnabel von Thot, dem Gott der Schreiber! Wie soll ich mir jetzt meinen Namen merken?

Im Land der Mumien
Reporter Tim befragt Ägyptologin Dr. Hanna Hipstedt

Tim: Frau Dr. Hipstedt, Sie sind Ägyptologin …

Dr. Hipstedt: Du darfst ruhig Hanna zu mir sagen.

Tim: Okay. Jetzt haben wir schon so viel von den Pharaonen gehört. Das alte Ägypten entstand vor fast 5.000 Jahren. Wie viele Pharaonen gab es denn?

Hanna: Das weiß man nicht genau. Die Pharaonen regierten fast drei Jahrtausende lang.

Tim: Pharao, das war ja wohl ein cooler Job. Eine neue Hauptstadt gründen, einen Feldzug führen, Tempel und Grabmäler bauen lassen – super. Wie wurde man Pharao?

Hanna: Gute Frage. Die Pharaonen sahen sich als Söhne des Sonnengottes Re. Ihre Stellung haben sie auf einen ihrer Söhne weitervererbt. Pharaonen hatten mehrere Frauen, es konnte also auch der Sohn einer Nebenfrau die Krone tragen. Nur wenige Frauen kamen an die Macht – wie Hatschepsut und Kleopatra.

Hieroglyphen-Rätsel 2

Leon zeigt dir das zweite Zeichen.

Tim: Pharaonen sind ja heute immer noch echt beliebt. Es gibt so viele tolle Ausstellungen.

Hanna: Ja. Schon im 19. Jahrhundert waren die Leute total begeistert – besonders in England. Stell dir vor, du gehst auf eine Party und um Mitternacht wickeln die Gäste eine echte Mumie aus Ägypten aus! Das war aber noch nicht alles: Man kratzte Erdpech aus Mumien, packte es ab und verkaufte es als Medizin.

Tim: Igitt! Und die Mumien – wie wurden die gemacht?

Cheps Geschichten

Ein Priester teilte die Geschichte der Pharaonen in 31 Königshäuser ein. Man unterscheidet das Alte, das Mittlere und das Neue Reich. Im Alten Reich entstanden die Pyramiden, im Mittleren Reich bauten die Pharaonen ihre Macht aus. Im Neuen Reich regierten u.a. Tutanchamun und Ramses II.

Hanna: Achtung, jetzt wird's eklig. Dem Leichnam wurde mit einem Haken das Gehirn durch die Nase entfernt. In die leere Schädelhöhle goss man flüssiges Harz. Dann wurden die Organe aus dem Körper geholt und in Gefäße gepackt. Das Herz blieb drin.

Tim: Diese Töpfe sind die Kanopen.

Hanna: Ja. Danach reinigte man die Bauchhöhle und bedeckte den Körper mit Natronpulver. Nach mehreren Wochen war der ausgetrocknet. Jetzt wurde der Bauch mit Füllmaterial ausgestopft. Schließlich salbte man den Körper mit kostbaren, duftenden Ölen. Zum Schluss wickelten die Bestatter ihn in Leinenbinden ein. Eine Mumifizierung soll 70 Tage gedauert haben.

Tim: So lange! Und warum der ganze Wirbel mit den Mumien?

Hanna: Die alten Ägypter wollten im Jenseits weiterleben. Dafür brauchten sie ihren Körper. Also musste der erhalten werden.

Kanope

Cheps Geschichten

Das Herz hielten die Mumifizierer für das Wichtigste. Das Hirn warfen sie einfach weg.

Glotz nicht so! Ich hab meins noch. Pharao mit sechs Buchstaben ...?

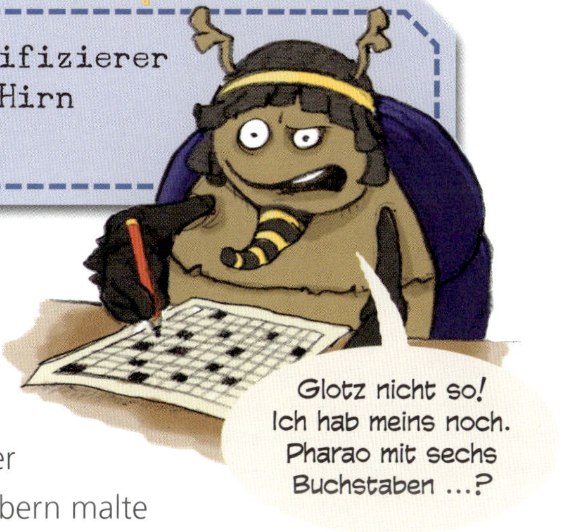

Tim: Stimmt es, dass die Pharaonen ein Navi für das Jenseits hatten?

Hanna: Das hätte ihnen gefallen. Aber es gab etwas Ähnliches: In vielen Gräbern malte man eine Landkarte an die Innenseite des Sargdeckels, damit sich die Verstorbenen im Jenseits nicht verlaufen.

Tim: Ganz schön schlau! Da wussten die ja immer, wo's langgeht.

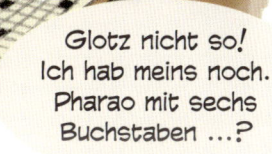

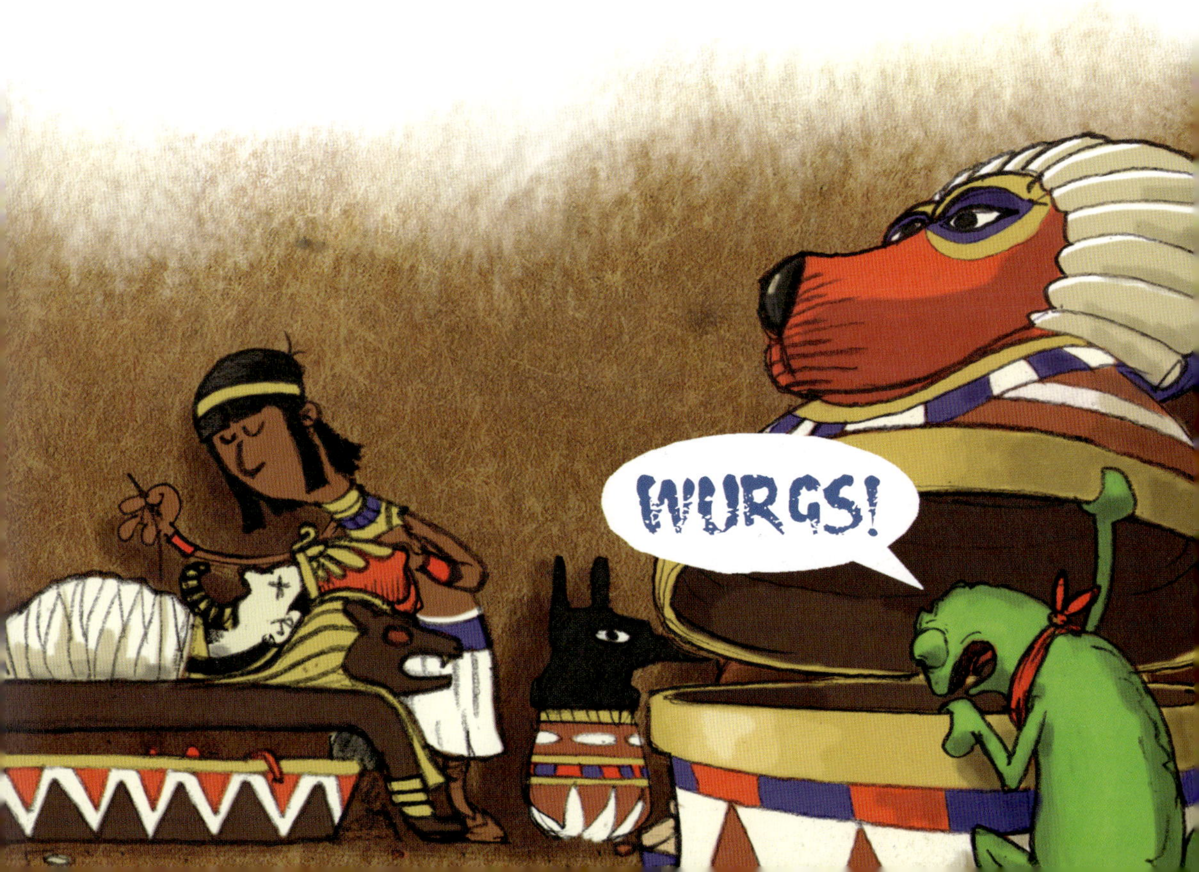

WURGS!

Im alten Ägypten gab es kein Geld.
Die Grabräuber tauschten ihre
Beute gegen Nahrungsmittel
oder eingeschmolzenes Gold.

Der Schatz
in der Grabkammer

Das Licht meiner Fackel erleuchtet die steinerne Treppe. Ich weiß, ein Junge wie ich hat hier nichts verloren. Mein Herz klopft heftig. Ich muss das Grab finden. „Ihr Götter, rettet mich und meinen Vater!", flüstere ich. „Auch, wenn er ein Dieb ist!"

Ja, mein Vater hat sich anstiften lassen. Er kennt die Gräber der Pharaonen gut, denn er schneidet Steine für Tempel und Grabanlagen aus Felsblöcken. Wie alle Handwerkerfamilien leben wir in der Siedlung Deir el-Medineh. Seitdem ein neuer Vorarbeiter das Sagen hat, gibt es weniger Lohn. Also weniger Getreide, sodass wir nicht mehr satt werden. Meine kleinen Geschwister weinen beim Abendessen. Ich will nicht weinen. Vater sagt: „Ich habe keinen Hunger", und schiebt uns seinen Gerstenbrei hin. Auch Mutter gibt ihren Brei ab. So ist es jeden Abend.

Heute habe ich Vaters Geheimnis entdeckt, als ich ein Messer suchte. Ich sehe alles vor mir. In der Kammer öffne ich die Werkzeugkiste und zucke zurück: Leere Augen aus Gold starren mich an. Eine Totenmaske! Daneben eine kleine Figur – Anubis, der Wächter der Toten.

Anubis begleitete die Toten durch die Unterwelt.

Schnell halte ich dem Schakal die Augen zu, damit er mich nicht sieht. Sonst könnte er auf den Dieb schließen. Grabräuber werden hingerichtet. Es wäre schrecklich, wenn die Medjai, die strenge Polizei, unser Haus durchsucht und das hier findet. Ich muss alles loswerden.

Endlich ist es Nacht im Tal der Könige. Die hohen Götterfiguren werfen ihre Schatten. Ich presse das Leinentuch mit den Grabschätzen an mich. In das Rauschen des Windes mischen sich die Stimmen der Wächter, die Bier trinken und sich Geschichten erzählen. Im Schutz der Felsen husche ich zu den Baustellen. Aber in welches Grab gehört die Maske? Ich schicke ein Stoßgebet zu Anubis: „Zeig mir das Grab, Wächter der Toten. Ich will nur etwas zurückgeben!"

Es hilft. Hinter einem Holzstapel entdecke ich einen Gang. Mit der Fackel vom Eingang schleiche ich die Stufen hinunter und erschrecke. Da an der Wand – eine riesige Kralle! Sie bewegt sich. Will mich packen ... Nein, es ist nur ein Schatten. Jetzt erkenne ich, woher er kommt.

Aus einem Leinenbündel ragt ein dürrer schwarzer Arm.
Eine Mumie! Will sie sich rächen? Ich nehme all meinen
Mut zusammen und gehe weiter. Schritt für Schritt.

Überall herrscht Durcheinander. Ein vergoldeter Sargdeckel, eine Statue aus Palisanderholz, ein Gefäß aus Ala-
baster. Wie prunkvoll der Pharao doch lebt, hier und im Jenseits! Ich
stolpere über eine reich verzierte Kiste. Ein guter Platz für die Totenmaske. Anubis stelle ich auf den Deckel. Er soll sehen, dass ich alles
wiedergutmache. „Verzeih meinem Vater", flüstere ich. „Er tut das
nie wieder."

Dann höre ich Stimmen. Ich drücke mich an die Wand und halte die Luft
an. Ein Skorpion schlüpft unter dem Sargdeckel hervor und macht vor
meinen nackten Füßen halt. Mein Herz rast. Plötzlich ertönt ein Schrei.
Die Stimmen entfernen sich. Das ist meine Chance! Ich hetze die Stufen
hinauf und renne. Kurz vor der Siedlung sehe ich, wie die Polizei ein
paar Grabräuber abführt. Mein Vater ist nicht dabei. Ich atme auf.

Eine Zeitreise zum Gericht

AUF INS JAHR 1110 VOR CHRISTUS

Reporter Tim befragt die Anwesenden

Bei Ausgrabungen fand man im Tal der Könige Aufzeichnungen über Gerichtsprozesse gegen Grabräuber. Tim wäre gern dabei gewesen und hätte Fragen gestellt! Kann er auch – mit Leons Zeitmaschine.

Tim: Wir sind hier bei einem Prozess. Warum wurden Gräber ausgeraubt? Gab es im Tal der Könige keine Verbotsschilder? So etwas wie „Grabräuberei bei Todesstrafe verboten!". Herr Gerichtsschreiber, Sie können uns das bestimmt erklären.

Schreiber: Gern. Klar, gab es Warnungen. Schön in die Wand gemeißelt – wie diese: „Wenn du Hand anlegst an mein Grab, werde ich dein Genick packen und umdrehen wie das einer Gans."

Tim: Autsch! Hat aber nicht viel gebracht, oder?

Schreiber: Weil diese Obertrottel nicht lesen können! Wie der da!

Wie der da!

Tim: Hallo, Herr Ober... äh! Warum sind Sie gefesselt?

Grabräuber: Ich soll ein Königsgrab ausgeräumt haben. Stimmt aber gar nicht.

Tim: Warum sind Sie dann hier?

Grabräuber: Jemand hat uns einen Sack mit Grabschätzen auf unseren Karren geschmuggelt. Dann wurden wir festgenommen und vom Polizeichef vor Gericht geschleift. Ich möchte nicht wissen, aus welchem Grab der Schmuck seiner Gattin stammt. Hat mächtig Dreck am Stecken. Der da!

Tim: Herr Polizeichef, das klingt echt krass. Was sagen Sie dazu?

Polizeichef: Der lügt doch wie gemeißelt, junger Freund.

Tim: Sie schmücken Ihre Frau also nicht mit geraubten Grabschätzen?

Polizeichef: Nein, ich sammle die Klunker im Keller. Haha! Kleiner Scherz. In Wahrheit habe ich sofort eine Untersuchung angeordnet. Weißt du, was? Nur ein einziges Königsgrab war leer. Bei den anderen Gräbern war das Siegel unversehrt. Das heißt, die hat niemand betreten.

Tim: Aber gab es nicht Zeugen, die etwas anderes behaupten?

Polizeichef: Na, klar. Leute wie der da!

Der da!

Leute wie der da!

Leons nutzloses Wissen

Die Aufzeichnungen der Gerichtsprozesse, die „Grabräuberpapyri", stammen aus der Regierungszeit von Ramses IX. Im Neuen Reich gab es viele Pharaonen, die den Namen Ramses trugen. Der bekannteste von ihnen war Ramses II.

Tim: Mein Herr ...

Zeuge: Lass mich in Ruhe. Heute ist nicht mein Tag.

Tim: Wieso denn?

Zeuge: Ich sollte zugeben, das Grab der Pharaonengattin Isis ausgeraubt zu haben – im Auftrag des Polizeichefs.

Tim: Wer hat Sie dazu überredet?

Zeuge: Jemand, der dem Polizeichef eins auswischen wollte.

Tim: Dem Polizeichef? Dem da? Und, hat's geklappt?

Zeuge: Man brachte mich ins Tal der Könige. Wenn ich das Grab ausgeraubt hätte, würde ich es auch wiedererkennen, meinte der Gesandte des Pharaos. Der da!

Und was sagen Sie!

Der da!

Tim: Gesandter des Pharaos, was passierte an jenem Tag?

Gesandter: Dieser angebliche Dieb erkannte natürlich kein einziges Grab. Er war kein Räuber. Er sollte den Polizeichef in ein schlechtes Licht rücken.

Tim: Schlechter geht's ja wohl nicht, ich meine, das wird ja immer besser. Wen haben die Richter dann verurteilt?

Gesandter: Der Aufseher müsste das wissen. Der da.

Tim: Hallo, Aufseher, wer wurde für schuldig erklärt?

Aufseher: Als würde das eine Rolle spielen! Wir gingen noch einmal zum Grab der Pharaonengattin.

Tim: Warum? Das Siegel an der Grabpforte war doch unversehrt.

Aufseher: Dummerweise brachen die Räuber von der Rückseite ein. Alles geklaut und verwüstet. Und das war nicht das einzige Grab.

Tim: Und wer sind jetzt die Täter?

Aufseher: Das wissen die Götter!

Der da!

Das wissen die Götter!

Mittelmeer

Alexandria

Giseh

Dahshur

Nil

Ägypten

Rotes Meer

Abydos

Tal der Könige

Theben

Deir el-Bahari

Das Leben spielte sich rund um den Nil ab. Dort gibt es die bedeutendsten Grabstätten.

Abu Simbel

Eine Pyramide
mit Nilblick

Glückwunsch, du bist Pharao und darfst alles bestimmen. Beim Regieren beraten dich die Priester. Leider nerven sie jeden Tag mit den gleichen Fragen: „Pyramide, Felsengrab oder Friedhofstadt? Wo soll sie liegen, Eure Grabstätte, mein Gebieter?" Wundere dich nicht: Das musste ein Pharao zu Lebzeiten entscheiden. Jetzt schnippst du mit dem Finger und los geht's zu den tollsten Grabplätzen.

Mit vollen Segeln den Nil aufwärts, nach Süden. In Oberägypten liegt Abydos, die älteste Friedhofstadt des Landes. Hier ist man dem Totengott Osiris angeblich sehr nahe.

Deshalb ließen sich reiche Leute in Abydos „Zweitgräber" bauen. Doch die Glanzzeit von Abydos ist vorbei, hast du gehört. Und du willst ja nicht von gestern sein. Also weiter nach Süden.

Gegenüber der Stadt Theben liegt ein Wüstental. Was für eine Hitze! Nach wenigen Kilometern auf der sandigen Piste wirst du mit einem königlichen Ausblick belohnt.

Der Gott Osiris, Herrscher im Totenreich,
        ist der Vater von Anubis.

Ramses' Reisepass

1976 flog man die Mumie von Ramses II. zu einer Ausstellung nach Paris. Der tote Herr bekam sogar einen Reisepass. Der könnte so ausgesehen haben:

Name:
Ramses II.

Beruf:
Ex-Pharao

Staatsangehörigkeit: **altägyptisch**

Geburtsjahr: **um 1303 vor Christus**

Gestorben: **mit 90 Jahren!**

Ehefrau: **Nefertari und weitere**

Kinder: **ca. 90**

Kennzeichen: **rote Haare, Mumie von Käfern befallen**

Tempel an Tempel! Zu jedem gehört ein Felsengrab. Davon gibt es so viele, dass man vom „Tal der Könige" spricht.

Blöd nur, dass es hier von Menschen nur so wimmelt. Heerscharen von Arbeitern treiben Stollengänge in den Fels. Wie kann man da von „Ruhestätte" sprechen? Ein weiterer Nachteil: Manchmal werden die Gräber vom Nilwasser überschwemmt.

Du fährst weiter den Fluss hinauf, vorbei an Abu Simbel, dem prächtigen Tempel, den Ramses II. in die Felsen schlagen ließ. Hier kommen keine Grabstätten mehr. Also zurück.

Leons nutzloses Wissen

Die Grundflächen der drei Pyramiden von Giseh bedecken fast zehn Hektar – etwa so viel wie 13 Fußballfelder. Übrigens: Ägyptische Kinder spielten schon damals mit Bällen.

Es dauert lange, bis du links die Knickpyramide von Dahschur erblickst. Da haben die Baumeister noch geübt, denkst du dir. Dann kommen die Pyramiden von Giseh in Sicht. Da staunst selbst du! Du willst wissen, wie viele Arbeiter man für die gewaltigen Steingebilde gebraucht hat. „20- bis 30.000, mein Gebieter." Im Rechnen bist du gut. Wenn man so viele Arbeiter mit Brot und Bier bezahlt, jahrzehntelang – das wird teuer.

Was tun? Abydos zu abgewrackt, das Tal der Könige überlaufen, Pyramide zu teuer. Vielleicht hilft dir die Sphinx, eine Entscheidung zu treffen! Die hat ein Näschen für so etwas, sagen die Priester. Du lässt dich in deiner Sänfte zu ihren Tatzen tragen und starrst sie an. Sie starrt zurück. Und schweigt. Soooo leicht hat man's als Pharao dann auch wieder nicht!

Wo ist die Nase der Sphinx geblieben? Die soll im Mittelalter abhanden gekommen sein. Aber das ist eine andere Geschichte.

Der Fluch des Tutanchamun
Reporter Tim befragt Ägyptologin Dr. Hanna Hipstedt

Tim: Wir haben gerade vom Tal der Könige gehört. Als Tutanchamuns Grab dort gefunden wurde, war das eine Sensation. Dann starben ein paar Leute aus dem Team. Der Pharao hat sie verflucht, heißt es. Kann das denn sein?

Hanna: Nein, das sind nur Gruselgeschichten. Grund zum Fluchen hätte der Pharao schon gehabt, so wie die Leute des Entdeckers Howard Carter mit der Mumie umgegangen sind. Sie zerrten an den Knochen, weil die am Sarkophag klebten. Sogar den Kopf hat man ihm abgerupft.

Tim: Oje! War Howard Carter so ein Banause?

Hanna: Na, heute würde man das anders machen. Wir können Carter aber dankbar sein, dass er die Spur des Pharaos, den damals ja noch keiner kannte, jahrelang verfolgt hat. 1922 hat er das Grab gefunden und darin „wunderschöne Dinge" gesehen, wie er später schrieb. Ungewöhnlich ist, dass das Grab vollkommen erhalten war mit all seinen Schätzen.

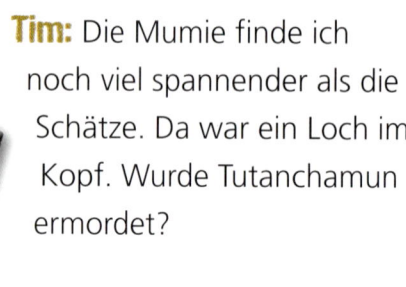

Tim: Die Mumie finde ich noch viel spannender als die Schätze. Da war ein Loch im Kopf. Wurde Tutanchamun ermordet?

Cheps Geschichten

Tutanchamun hatte einen Schuhtick. Etwa
100 Paar Schuhe fanden die Forscher in
seinem Grab. Auf den Sohlen waren
die Feinde Ägyptens abgebildet. Der
Pharao trat sie also mit Füßen!

Gut versteckt: Tutanchamuns Mumie

Jahrelang arbeiteten sich Howard Carters Leute durch die Schatzkammern. Dann erst war die Grabkammer dran. Sie öffneten vier Holzschreine und einen Sarkophag aus Stein. Dann stießen sie auf den ersten Sarg. Darin steckten ein zweiter und ein dritter – der war aus purem Gold. Darunter lag die Mumie des Pharaos, den Kopf mit der Goldmaske bedeckt.

Hanna: Nein. Das Loch stammt von einer Bohrung, als man während der Mumifizierung die Reste des Gehirns entfernte. Die Forscher entdeckten auch, dass Tutanchamun gleichzeitig an Malaria und einer Knochenkrankheit litt. Andere vermuteten eine Blutkrankheit, die in der Familie lag.

Tim: Ist Tutanchamun etwa daran gestorben? Was glaubst du, Hanna?

Hanna: Ich glaube, dass eine Verletzung über dem linken Knie der Grund war. Davon bekam er eine schwere Blutvergiftung.

Tim: Also ein Unfall? Ein Reitunfall zum Beispiel?

Hanna: Kann sein. Oder eine Verletzung in einer Schlacht. Aber darüber hätten die Schreiber berichtet. Manche Geheimnisse werden eben mit ins Grab genommen.

Tim: Verletzung am Knie, Knochenkrankheit – wie kriegt man das raus?

Hanna: Mit dem Computertomografen. Das ist ein röhrenartiges Gerät, das das Innere eines Körpers Schicht für Schicht abbildet. Damit kann man den Körper genauer durchleuchten als mit Röntgenstrahlen.

Tim: Sah Tutanchamun eigentlich aus wie auf der berühmten Totenmaske?

Hanna: Nicht ganz. Man hat versucht, sein Gesicht am Computer nachzubilden. Auf jeden Fall sah er sehr gut aus.

Tim: Dann hatte er also doch nicht so viel Grund zum Fluchen?

Hanna: Doch. Mindestens zweimal wurde in sein Grab eingebrochen. Als Carter es fand, herrschte dort ein ziemliches Durcheinander.

Tim: Wo ist Tutanchamun jetzt überhaupt? Im Museum oder im Grab?

Hanna: Rate mal … ja, tatsächlich in der Grabkammer. Hinter Plexiglas.

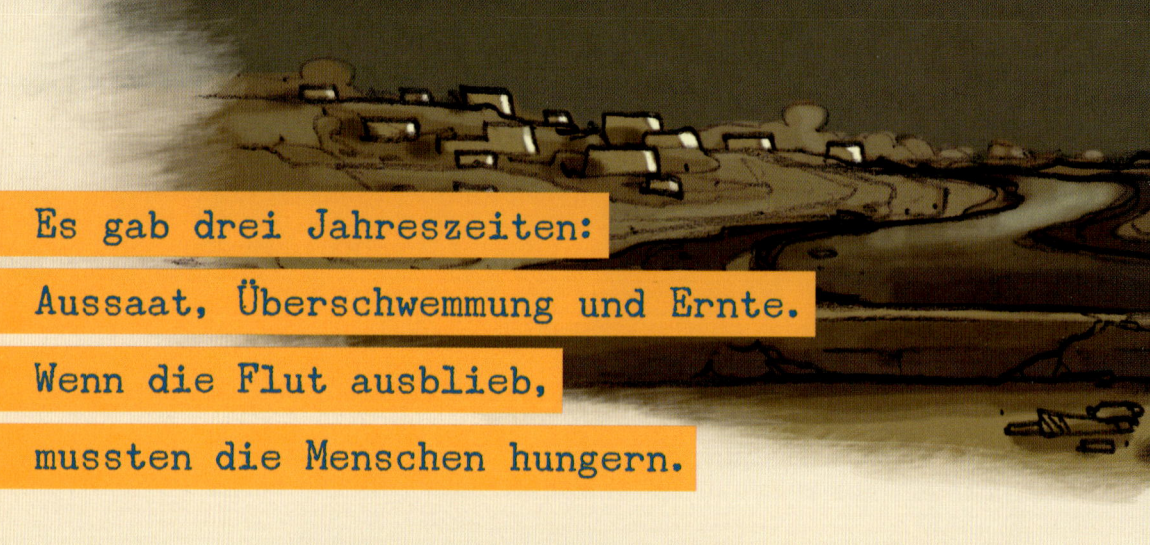

Es gab drei Jahreszeiten: Aussaat, Überschwemmung und Ernte. Wenn die Flut ausblieb, mussten die Menschen hungern.

Wenn die Flut kommt

Sira liegt auf dem Dach und beobachtet den Fluss im Mondschein. „Schlaf endlich", murrt ihr großer Bruder Zaki und sieht sich nach dem kleinen Tuja um. Der nuckelt am Daumen und drückt sein holzgeschnitztes Flusspferd an sich.

„Eine Sternschnuppe!", ruft Sira. „Was haben die Weissager denn aus den Sternen gelesen?", fragt sie. Zaki wirft seinen Schläfenzopf in den Nacken. „Dass der Fluss eine hohe Welle führen wird, du kleine Nervensäge."

Dieses kleine Flusspferd aus Keramik ist mit Pflanzen bemalt.

Er deutet auf einen halb fertigen Deich. „Wenn die Welle sehr hoch wird, müssen wir da rauf. Jetzt mach die Augen zu." Sira gibt nicht auf. „Wann kommen Mama und Papa wieder?" – „Bestimmt noch vor der Flut. Wenn sie das Vieh in Sicherheit gebracht haben."

Sira gleitet in den Schlaf. Im Traum sieht sie den Pharao vorbeisegeln. Als er wie eine goldene Figur aus der Kajüte tritt, strömt das Wasser auf die Felder. Wie durch Zauberei schießen Gerste und Flachs aus dem schwarzen Boden. Wenig später trampeln Ochsen über Getreidebündel und die Spreu flirrt im Sonnenlicht. Sira will die Körner aufsammeln. Doch die Getreidestoppeln stechen hart in ihre Fußsohlen.

Leons nutzloses Wissen

Die Ägypter waren sehr reinlich. Ihre Kleidung wuschen sie mit Nilwasser und Pipi. Daraus gewannen sie Salmiakgeist, der Schmutz aus dem Gewebe löst.

Besser nicht zu Hause ausprobieren!

In Wirklichkeit ist es nur Zaki, der sie am Morgen unsanft aufweckt. „Es wird Zeit", sagt er. Sie reibt sich den Traum aus den Augen und fragt: „Darf ich diesmal mithelfen, wenn ihr das Wasser in die Felder leitet?" Ihr Bruder runzelt die Stirn. „Die Welle kommt. Schnell auf den Deich!"

Der Nil schiebt eine schwarze Woge vor sich her. In wenigen Minuten wird das Wasser alles überfluten. Sira nimmt den kleinen Bruder auf den Arm. Jetzt muss es schnell gehen.

Auf dem Deich sind sie in Sicherheit. Aber das Wasser steigt. Sira hat Angst, dass ihr Elternhaus mitgerissen wird, greift nach Zakis Hand. Doch die Wellen erwischen zum Glück nur den Stall. Der Fluss nimmt sich, was ihm gehört, denkt sie. Die Ziegel für die Häuser bestehen nämlich aus getrocknetem Nilschlamm.

„Darf ich morgen mit?", fragt Sira. Zaki schüttelt den Kopf. „Du musst Mutter am Webstuhl helfen." Er lässt die Flut nicht aus den Augen und sucht das Wasser nach Krokodilen ab.

Mist, wo ist die 124?

Mit dem Schiff ins Jenseits

Die Überraschung war perfekt, als man in der Nähe der Cheops-pyramide unter dem Sand eine Sonnenbarke entdeckte. Sie bestand aus 1.224 Einzelteilen und war zusammengesetzt über 43 Meter lang. Bestimmt sollte Pharao Cheops sie im Jenseits benutzen.

Plötzlich ein Schrei, gefolgt von einem Platschen.
„Tuja!" Sira sieht das Spielzeug des Kleinen im
Fluss treiben. Seine Ärmchen ragen aus der
braunen Brühe. Sie springt in den Fluss.
Hinter ihr brüllt Zaki: „Raus da! Krokodile!"

Einen Moment lang hat Sira Boden unter den Füßen.
Sie stößt sich ab und bekommt das Hüfttuch des
Kleinen zu fassen. Gerettet!

Auf dem Dach erholen sich die drei. Tuja zeigt auf das Wasser, das
schon die ersten Felder bedeckt. „Wird eine gute Ernte", sagt Zaki.
Dann hören sie die Eltern rufen.

Zaki legt die Hand auf den Arm seiner Schwester. „Ich werde Vater
fragen." Sira lächelt. Sie ahnt, worum es geht. Trotzdem fragt sie:
„Was denn?" – „Ob du morgen mitkommen darfst. Wir müssen das
Wasser auf unsere Felder leiten. Und das Wasser ist ja wohl dein
Freund, oder?"

Vielleicht wurde er
damit auch zu seiner
letzten Ruhestätte
gebracht.

Ahoi, Cheops! Ich bin dann mal weg!

124

Berufe aus der Vergangenheit

Im alten Ägypten gab es tolle Berufe. Hast du Lust, dich auf eine Stelle zu bewerben? Roll die Papyruszeitung auf und lies die Anzeigen!

Einbalsamierer

- Du riechst gern an kostbaren Ölen?
- Du weißt, in welche Kanopen welche Organe gehören?
- Du traust dich, das Hirn mit einem Haken zu entfernen?

**Wenn dir dabei nicht schlecht wird, komm zu uns.
Den Einbalsamierern.**

Gestorben wird immer.

Cheps Geschichten

Die Mumie von Ramses II. hatte Pfefferkörner in der Nase und im Bauch. Wegen des Geruchs? Oder wegen des Scharfstoffes Peperin, der die Magensäfte in Wallung bringt? Auf jeden Fall hielten die Körner die königliche Hakennase in Form.

Ich muss niesen ...
Ha ... Haaa ......

Halt dir wenigstens die Hand vor den Mund!

... sehr witzig, wie denn?
Haaaa ... Haaaaaaaa ......
HAATSCHEPSUUT!

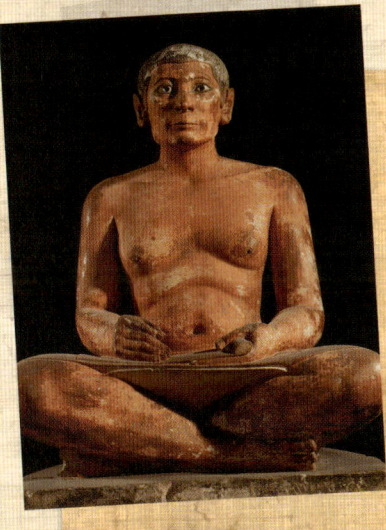

Schreiber

Gesetzestexte schreiben und Eheverträge aufsetzen – das macht dir Spaß?

Natürlich musst du schreiben können.

Außerdem wichtig:

- Kopfrechnen – für das Zählen von Krügen, Körben und getöteten Feinden
- Durchsetzungsfähigkeit – für das Eintreiben der Steuern
- Eine leserliche Handschrift – wie für die Ewigkeit

Dich liest man noch in 5.000 Jahren. **TODSICHER**

ARZT ODER ÄRZTIN

Was hilft gegen Schnupfen, der im Schädel wütet?
MINZE MIT DATTELN

Was beseitigt Verstopfungen, die den Leib foltern?
RIZINUS VOM SAMEN DES WUNDERBAUMS

Wenn Du das weißt, bist du einer von uns.
EIN HEILKUNDIGER

Wir beschäftigen auch Frauen. GESUNDHEIT!

Vorkoster

Hmmm – Pharaoburger mit Lotussalat!

Als Vorkoster am Hof des Herrschers genießt du die leckersten Speisen. Bei erfolgreichem Aufspüren von tödlichem Gift winkt ein Luxusgrab in bester Pyramidenlage.

Wagenlenker

Schnell in der Schlacht

Wer den Streitwagen beherrschen will, braucht Geschick und Übung. Wir bieten ein mehrjähriges Training. Wir, die Reiter des Pharaos.

Leons nutzloses Wissen

Den Streitwagen kupferten die Ägypter von einem feindlichen Reitervolk ab. Bei einem Feldzug im heutigen Syrien ließ Pharao Thutmosis III. die Kampfwagen durch eine enge Felsenschlucht abtransportieren.

Das Donnern von Pferdehufen ließ das Land erzittern.
Die Feinde kamen mit Streitwagen. Wir haben sie besiegt.
Dann fragten wir uns: Was hat sie so stark gemacht?
Jahrzehntelang haben wir nachgedacht. Und gearbeitet.
Hier ist das Ergebnis:

PHARAO 2000

Diesen Streitwagen fand man in Tutanchamuns Grab.

- Der Wagenkorb besteht aus vergoldeten Edelhölzern.
- Zusätzliche Speichen verstärken die Räder.
- Eine größere Spurweite hält den Wagen sicher in der Kurve.
- Die Kampfplattform aus geflochtenem Leder federt Stöße ab.
- Man kann den Streitwagen auseinandernehmen wie ein Klappfahrrad.

PHARAO 2000

Kein TÜV, keine Wartezeit

Göttliche
Geschichten

Wie Osiris zum Totengott wurde

Zoff in der Götterfamilie! Wie wird man einen blöden Bruder los, fragt sich Seth. Dann macht er kurzen Prozess mit Osiris. Einmal in die Kiste gelockt, sitzt der in der Falle. Ab ins Meer damit! Halt! Gattin Isis findet die Sarg-Kiste. Aber Seth klaut sie wieder weg, zerlegt sie in viele Teile und verstreut sie. Isis sammelt die Einzelteile wieder ein und bestattet ihren Mann. Das Ende vom Lied: Seth wird gefürchtet, Osiris als Gott der Toten verehrt.

Hähähääää ...
Diesmal wird EINE Gedenkstätte nicht reichen.

Die durstige Löwin

Göttervater Re herrscht eine halbe Ewigkeit. Nun das: Die Menschen gehorchen ihm nicht mehr. Stinksauer schickt er seine Tochter Sachmet los – in Löwengestalt. Die soll sich die Menschen mal vornehmen. Tut sie auch und gerät in einen Blutrausch.

Nein! So hatte Re das nicht geplant. Er trickst Sachmet mit blutrot gefärbtem Bier aus. Das kippt er in den Nil. Sturzbesoffen fällt die grausame Göttin in einen tiefen Schlummer. Die Menschen sind gerettet. Und Re? Der schippert von nun an mit der Sonnenbarke über den Himmel. Tagsüber.

Leons nutzloses Wissen

Die Sachmet-Geschichte schmückte das Grab von Tutanchamun. Aus einem bestimmten Grund: Sein Vater Echnaton hatte Re und der Göttervielfalt abgeschworen und nur noch einen Gott zugelassen: Aton. Auch wenn sein Sohn alles rückgängig machte, sollte er in der Totenwelt eines nicht vergessen: Selbst der Pharao muss die Götter achten — sonst kommt Sachmet und bestraft ihn.

Jede Nacht das gleiche Spiel!

Nachtschicht! Sonnengott Re taucht mit seiner Sonnenbarke in die Unterwelt ein. Da geht's zu wie in der Geisterbahn. Die grausigen Ungeheuer der Nacht lauern an jeder Ecke. Re leistet ganze Arbeit. Nacht für Nacht befreit er den Totengott Osiris und besiegt die schreckliche Schlange Apophis. Erst dann beginnt der neue Tag ...

Schönen Tag noch!

Irgendwann gewinne ICH doch mal ...

Deir el-Bahari

Tempeltour im Wüstental

Viele Tempel, in denen die Ägypter ihre Götter verehrten, sind verfallen. Erhalten sind vor allem Totentempel, die sich die mächtigen Pharaonen erbauten.

Deir el-Bahari Hier ließen gleich drei Herrscher ihre Tempel in den Fels hauen. Der schönste Tempel ist der von Pharaonin Hatschepsut. Er gehört zu den Millionenjahrhäusern, in denen sich – dem Glauben nach – die Götter mit menschlichen Herrschern vereinten.

Abu Simbel Der Felsentempel wurde von Ramses II. errichtet und 1960 wegen eines Staudamms verlegt. Der bedeutendste Pharao aller Zeiten ließ sich viermal als Wächter abbilden – im XXL-Format!

Karnak In der Tempelanlage mit den hohen Säulen waren über 80.000 Menschen beschäftigt. Besondere Verehrung genoss der Gott Amun. Die Statuen, die ihn mit Widderkopf zeigen, bilden eine Allee.

Abu Simbel

Karnak

Spickzettel für die Unterwelt
Reporter Tim befragt Ägyptologin Dr. Hanna Hipstedt

Tim: Mir ist was eingefallen, Hanna. In Ägypten lebten ja nicht nur Pharaonen. Glaubten auch Bauern und Handwerker an ein Weiterleben im Jenseits?

Hanna: Anscheinend. In den Gräbern von Bauern gab es Zeichnungen, die zeigen, wie sie nach dem Tod ihr Feld bestellen. Auch bei einfachen Leuten fand man Grabbeigaben, sogar Totenbücher.

Tim: Totenbücher? Was ist das denn? Moment, ich hab's. Manche Bücher sind so todlangweilig, dass man sie im Regal begräbt – ganz weit hinten.

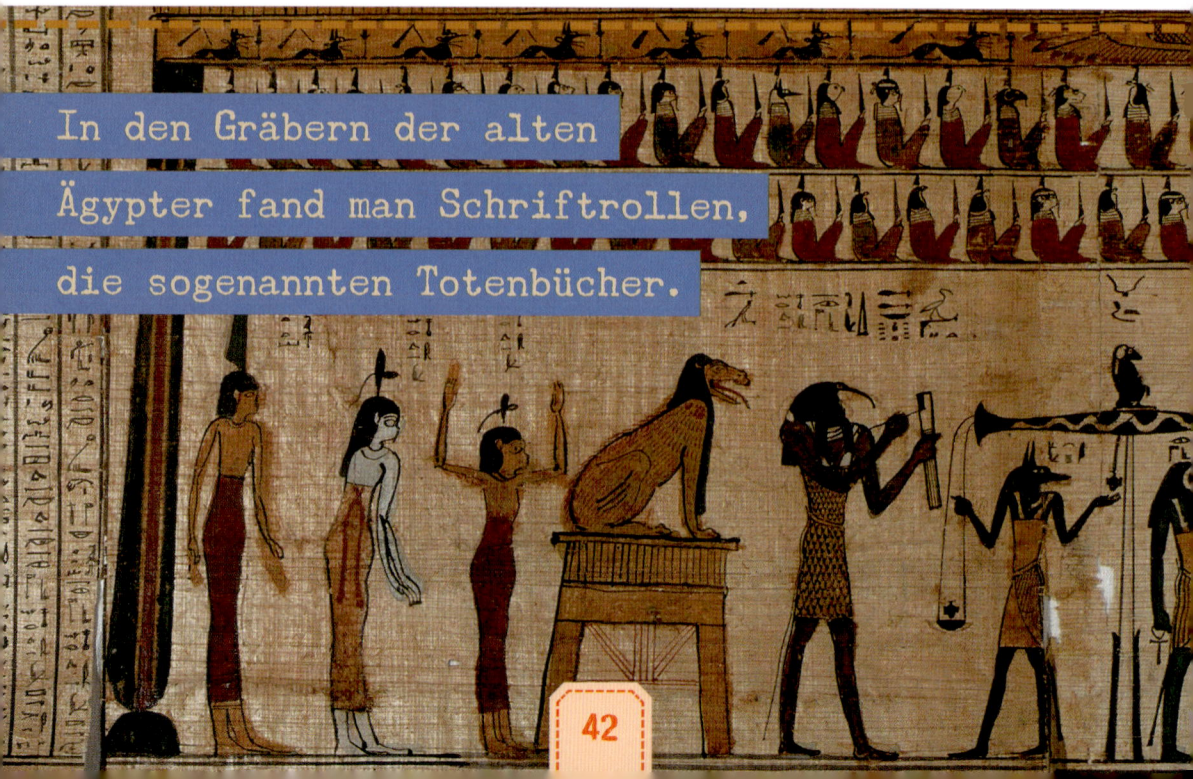

In den Gräbern der alten Ägypter fand man Schriftrollen, die sogenannten Totenbücher.

Für die Mundöffnungs-
zeremonie wurden geweihte
Instrumente benutzt.

Hanna: Schöne Idee. Nein, die Totenbücher sind Schriftrollen. Das Totenbuch des Schreibers Ani war für die Priester sehr wichtig. Es bestand aus 37 Papyrus-blättern, die um ein Rundholz gewickelt waren. Auseinandergerollt waren die Blätter etwa 23 Meter lang.

Tim: Huch, so lang! Und was stand drin?

Hanna: Das Ganze war eine Anleitung, wie man auf dem Weg in die Unterwelt Dämonen überwindet und Prüfungen besteht. Oft begann es mit der Mundöffnungszeremonie.

Die Götter beim Wiegen des Herzens. Rechts Osiris, links von der Waage Thot in der Gestalt eines Vogels. Rechts daneben Anubis mit Schakalkopf.

Tim: Mund auf, Pharao! Sag mal
„Aaaaah" – wie beim Onkel Doktor.

Hanna: Ein bisschen mehr Respekt, lieber Tim. Diese Zeremonie war
eine wichtige Sache. Schließlich sollte der Pharao im Totenreich wieder
essen und trinken können. Und reden – beim Totengericht. Das stand
in Kapitel 125.

Tim: Worum ging es da?

Hanna: Um strenge Richter. Die sollten entscheiden, ob der Prüfling
ein gutes oder ein sündiges Leben geführt hatte. Alles lag in der Hand
von drei Göttern.

Tim: Und welche drei Götter waren das?

Diese Uschebtis stammen
aus der Spätzeit.

Hanna: Den Vorsitz hatte Osiris. Thot, der Gott der Schreiber, machte sich Notizen. Dritter im Bunde war der Totenwächter Anubis. Daneben knurrte Ammit, eine Mischung aus Nilpferd, Löwe und Krokodil.

Tim: Und wie lief das dann ab?

Hanna: Zuerst legten die Richter dem Verstorbenen eine lange Liste von möglichen Verbrechen oder Vergehen vor. Wenn er keines davon begangen hatte, kam sein Herz auf die Waagschale. Das haben die Menschen sich aber nur so vorgestellt. Das Herz musste leicht und unschuldig sein. Gegengewicht war die Feder der Wahrheit. War das Herz zu schwer, warf man es Ammit zum Fraß vor. Befanden die Richter, dass der Tote „von wahrer Stimme" war, durfte er ins Jenseits eintreten.

Tim: Dann war das Totenbuch so eine Art Spickzettel?

Hanna: Genau. Bei den ärmeren Leuten, die einem Schreiber nur wenig Lohn geben konnten, war das manchmal nur eine einzelne Seite.

Tim: Echt unfair: Die Armen waren schon immer arm dran.

Helferlein für jeden Tag

Der Pharao sollte auch im Jenseits viele Diener haben. Diese Uschebtis sollten die Drecksarbeit machen und wurden durch kleine Figuren verkörpert. Im Grab von Tutanchamun gab es für jeden Tag des Jahres einen eigenen Uschebti. Vorsichtshalber stellte man noch einige Aufseher dazu. Und Oberaufseher für die Aufseher. Und königliche Oberoberaufseher für die Oberaufseher.

Cool! Können die auch Hausaufgaben machen?

Die Menschen stellten sich ihre Götter gern in Tiergestalt vor. Leon hat eine göttliche Versammlung belauscht.

Die Konferenz
der göttlichen Tiere

„Sssss! Rrrruhe!" Die Kobra leitet heute die Konferenz der göttlichen Tiere. „Ammit!", zischelt sie. Die Schlange muss sich zu voller Größe aufrichten, um über Widderköpfe, Stierhörner und gereckte Schnäbel hinwegzuspähen. „Wo steckst du und warum hast du dieses Treffen einberufen?"

Ein gewaltiges Wesen reckt seinen Schädel: Ammit. „Ich mag nicht mehr", mault sie. „Schaut doch nur, wie ich aussehe. Oben Krokodil, in der Mitte Löwe und hinten Hippo!"

„Hip-Po", wiederholt ein Ibis und verteilt mit spitzem Schnabel Tinte auf einen Papyrus. Es ist Thot, der Gott der Schreiber. Er schreibt alles mit. „Ich will nur EIN Tier sein, genau wie ihr! Nicht drei!", jammert Ammit und eine Krokodilsträne tropft auf ihr Löwenfell. „Sofort!"

„Echt?", fragt Sobek ungläubig. „Also deinen Kopf finde ich super, vor allem die doppelten Zähne." Die Kuh an seiner Seite schnaubt. „Kein Wunder!", muht Hathor, Göttin der Fruchtbarkeit. „Schließlich bist du selbst ein Kroko-dil!" Sie wendet sich einem Raubvogel zu. „Was meinst du, mein Sohn?" Der schlaue Falke Horus putzt sich das Gefieder.

Dieser Horusfalke ist im Horustempel von Edfu zu Hause.

Hieroglyphen-Rätsel 4

Leon zeigt dir das vierte Zeichen.

„Frag doch mal Re," schlägt der Vogel vor. Traurig schüttelt Ammit den Kopf. „Als Sonnengott ist er doch immer unterwegs." Aus ihren Nüstern quillt gelber Schnodder. „Da ist noch was." Heftig lässt sie sich auf ihren Hippo-Po fallen. „Ich habe schrecklichen Hunger", schluchzt Ammit. Die Tiere nicken verständnisvoll. Ammit arbeitet im Totenreich. Sie verspeist die Herzen der Schuldigen. Aber die meisten sind unschuldig und sie bleibt hungrig.

Der Schakal Anubis arbeitet an Ammits Seite und kennt das Problem. „An deinem Job kann nur Re was ändern!" – „Re, Re, Re", plappert Thot, der Ibis, und kratzt sich. Ups – hat er sich wieder in einen Pavian verwandelt. „Entscheidung vertagt", zischelt Wadjet, „bis Re kommt."

„Vielleicht kommt er, wenn's REgnet", brummt Hokret, ein Kamel. „Blödes Gelaber", knurrt Sachmet, die Löwin.

„Quatsch", sagt Ammit und stampft so heftig auf, dass der Skarabäus Khepri fürchterlich erschrickt. Aber er hat eine Idee: „Du bist ein Mischwesen aus drei Tieren?" – „Stimmt", sagt Ammit. „Und du hast immer Hunger?" – „Stimmt auch!", antwortet sie. „Wenn das so ist" – Khepri reckt seine Käferfühler – „dann hast du …" – er hält kurz inne, damit ihm wirklich jeder zuhört: „Dann hast du das Recht auf – Futter für drei! Krokofutter, Löwenfutter, Hippofutter für Ammit!" Alle Tiere machen mit. Und Ammit kriegt gleich Hunger – für drei!

Rätsel

Welches Tier gehört nicht in den Götterhimmel?

In den Götterhimmel hat sich ein Tier geschlichen, das da nicht hingehört. Die Ägypter kannten das Tier zwar, setzten es aber nicht als Lasttier oder Tiergott ein. Rate mal, welches Tier das sein könnte.

Warum Miezi zur Mumie wurde

Tim schreibt einen Artikel für die Schülerzeitung

Was haben die Tiere den Menschen denn getan? Haben die mumifizierten Mäuse etwa aus den Getreidesäcken genascht? Haben die komplett eingewickelten Katzen zu Lebzeiten zu wenig Mäuse gefangen? Wurden all diese Tiere etwa bestraft?

Nein. Die alten Ägypter dachten anders. Jeder Mensch sollte im Jenseits sein Lieblingstier dabeihaben. Oder Jagd auf Tiere machen können. Das muss man sich mal vorstellen! Bei einem Pharao fand man drei (!) Löwen-Mumien, damit er in der Unterwelt was zum Abschießen hatte.

Es gab wohl kaum eine Tierart, die nicht mumifiziert wurde. Widder fand man in vergoldeten Gehäusen und eine Gazelle in einer Papyrusmatte. Sogar Krokodile mit mumifizierten Krokodilbabys im Maul! Unheimlich, oder?

Und was sollen die vier Millionen einbalsamierten Ibis-Vögel in der Nähe von Sakkara? Ich habe mal meinen Opa gefragt, der sich da auskennt. Er sagt, dass viele Tiere für Vertreter eines Gottes gehalten wurden. Katzen zum Beispiel galten als Sinnbild der freundlichen Göttin Bastet. Wenn Pilger dieser Göttin eine Opfergabe darbringen wollten, besorgten sie sich vor dem Tempel mumifizierte Katzen.

1888 entdeckten Forscher massenweise Katzenmumien. Das waren nicht die einzigen Tiere, die im alten Ägypten einbalsamiert wurden.

Katzen und Hunde als Mumien

Wenn das stimmt, dann muss es regelrechte Mumienfabriken gegeben haben. Das finde ich ziemlich übel. Aber jetzt kommt's noch toller. Die vielen Katzenmumien wurden vor über 100 Jahren an Touristen verhökert. Eine Schiffsladung mit ungefähr 180.000 Stück ging in die englische Hafenstadt Liverpool. Die Mäuse dort sollten sich wohl gruseln. Aber zuvor wurden die Katzenzombies zerrieben und als Dünger verwendet. Ich war mal in England in den Ferien. Jetzt weiß ich, warum es auf den Feldern im Nebel dort so gruselig ist.

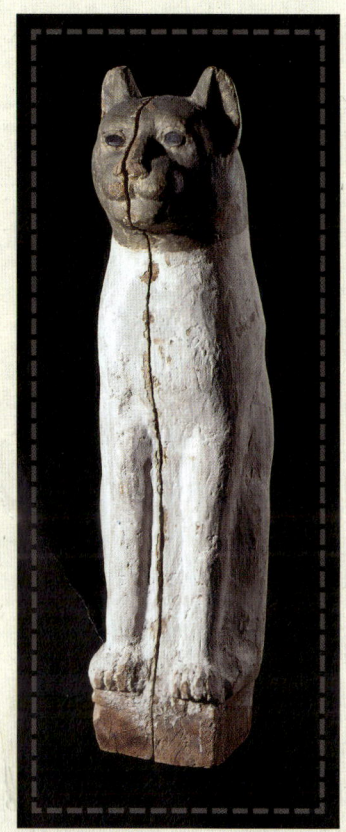

Zum Schluss sage ich euch noch, welches die größten Tiermumien waren: eine besondere Rinderrasse, die Apis-Stiere. Für die gab es ein ganzes Balsamierungshaus. Ihre Körper trockneten 40 Tage an der Sonne. Hat bestimmt (s)tierisch gestunken! PS: Nicht dass ihr denkt, den Wassertieren erging es besser. Man fand auch Fischmumien. Und mumifizierte Skarabäuskäfer.

Der Katzensarg aus Holz hat es ins Londoner British Museum geschafft.

Einige meiner Freunde wurden mumifiziert.

Echt? Wer kann denn so kleine Knoten machen?

Leons nutzloses Wissen

Katzen galten im alten Ägypten als heilig. Auf Tierfriedhöfen fand man sogar Grabbeigaben bei den einbalsamierten Haustieren: mumifizierte Mäuse oder Milch (die war nicht mumifiziert). Wer eine Katze tötete, musste selbst mit der Todesstrafe rechnen. Andererseits wurden die kuscheligen Vierbeiner auch als Opfertiere gezüchtet.